AF405417

ENTRENAMIENTO PARA APRENDER A SER MÁS FELIZ (¿QUIERES SER TU PROPIO COACH?)

María Domínguez
Ilustraciones: Manuel Guerrero Alonso.

ÍNDICE

UNAS CITAS SOBRE LAS QUE MERECE LA PENA REFLEXIONAR UNOS INSTANTES Y NO OLVIDARLAS

"La vida no es como se supone que debe ser; la vida es como es. La forma en que salimos adelante es lo que hace la diferencia".

Virginia Satir. (1916-1988) Psicoterapeuta norteamericana.

"No es la especie más fuerte la que sobrevive, ni la más inteligente, sino la que responde mejor al cambio".

Darwin. (1809-1882) Naturalista inglés.

"Entre lo que estuvo en el pasado y lo que estará en el futuro, actúan nuestra libertad, nuestra capacidad de apasionarnos y elegir".

Mario Alonso Puig. (1958) Médico especialista en cirugía general y del aparato digestivo. Escritor y conferenciante.

"A veces buscamos en el exterior una mejora que parece enorme y de un trabajo ingente, cuando, en realidad, todo lo que tenemos que hacer es cambiar tan solo un poco, pero dentro de nosotros."

Xesco Espar. (1963) Ex jugador y entrenador español de balonmano.

"El hombre puede ser desposeído de todo excepto de una cosa: la última de las libertades humanas, la libertad de escoger la actitud que uno adopta ante cualquier conjunto de circunstancias y de escoger su propio camino"

Víctor Frankl. (1905-1997) Médico. Neurologo y psiquiatra austríaco.

"Todo hombre puede ser, si se lo propone, escultor de su propio cerebro".

Santiago Ramón y Cajal. (1852 -1934) Médico español. Especializado en histología y anatomía patológica.

"La esperanza no es el convencimiento de que algo va a salir bien, sino la certeza de que lo que queremos hacer tiene sentido con independencia de cómo vaya a salir, y sin importarnos lo duro que nos resulte el camino".

Václav Harel (1936-2011) Escritor y político checo. Último presidente de Checoslovaquia y primer presidente de la República Checa.

"Lo importante es ir superándose, aunque solo sea un poco, con respecto al día anterior; porque si hay un contrincante que debes vencer en una carrera de larga distancia, ese no es otro que el TÚ DE AYER".

Haruki Murakami (1949) Escritor y traductor japonés.

"Los pescadores saben que el mar es peligroso y la tormenta terrible, pero nunca han encontrado en estos peligros razón suficiente para permanecer en la tierra".

Vicent Van Gogh (1853- 1890). Pintor holandés.

"Se buscan retiros en el campo, en la costa y en el monte. Tú también sueles anhelar tales retiros. Pero todo eso es de lo más vulgar, porque puedes, en el momento que te apetezca, retirarte en ti mismo. En ninguna parte un hombre se retira con mayor tranquilidad y más calma que en su propia alma; sobre todo aquel que posee en su interior tales bienes, que si se inclina hacia ellos, de inmediato consigue una tranquilidad total. Y denomino tranquilidad única y exclusivamente al buen orden. Concédete pues, sin pausa, este retiro y recupérate".

Marco Aurelio "Meditaciones" (Año 121 A. de C.- Año 180)
Filósofo y emperador.

"Quien no se mueve, no escucha el ruido de sus cadenas."

Rosa Luxemburgo. Política (1871 − 1919)

INTRODUCCIÓN

Por favor, no pienses que con solo leer este libro se producirá un milagro y comenzarás a ser más feliz. Ojalá fuera así, pero eso sería imposible. Lo que sí puedo asegurarte a ti, lector o lectora, que si tienes la mente abierta y espíritu de superación, encontrarás en este libro muchas de las claves para que tu bienestar emocional sea cada día mayor, y sin ninguna duda, en ese bienestar emocional se encuentra la base de la felicidad.

No será por tanto algo mágico, pero sí puede ayudarte a reflexionar sobre qué camino es el mejor que puedes seguir. También comprenderás con su lectura qué cosas haces en la actualidad que no te hacen ningún bien y son contrarias al camino que deberías seguir.

A partir de ahí, la decisión es tuya. Tú puedes elegir cómo quieres continuar viviendo, sean cuales sean las circunstancias que estés atravesando.

Hay muchas personas que no han oído hablar del coaching; no pasa nada. Yo tampoco había oído hablar de él hasta hace unos años, pero desde que lo descubrí puedo afirmar que me apasionó, y me encanta transmitir a todo el mundo lo que puede suponer su descubrimiento.

El coaching es una poderosa herramienta de cambio y te aseguro que tú puedes ser tu propio coach. Es un camino de entrenamiento y acompañamiento en el que puedes descubrir lo mejor de ti mismo y cuántas cosas puedes conseguir si te lo propones.

Ser tu propio coach significa entrenarte a ti mismo para vivir mejor, para aprender a alcanzar tus objetivos, tus metas, ya sean a nivel profesional o personal, es decir, entrenarte para ser más feliz de lo que eres.

Si además ese entrenamiento consiste en desarrollar tu inteligencia emocional, que está sustentada por cinco pilares básicos como son el autoconocimiento, la autorregulación de tus emociones, la automotivación, la empatía, y las habilidades sociales, no te quepa la menor duda que tu vida será diferente a partir del comienzo del entrenamiento.

Ser tu propio coach de Inteligencia Emocional no es tan difícil. Eso sí, requiere constancia, perseverancia y paciencia, tres factores fundamentales para alcanzar cualquier objetivo propuesto.

No quiero seguir sin desvelarte la definición de Inteligencia Emocional que nos ofrece Daniel Goleman, autor del libro que lleva precisamente ese mismo nombre, INTELIGENCIA EMOCIONAL.

La Inteligencia Emocional según Goleman, es la capacidad de SENTIR, ENTENDER, CONTROLAR Y MODIFICAR emociones propias y ajenas.

Esta, aparentemente, sencilla definición, encierra muchas de las claves imprescindibles para que nuestro paso por la vida esté más cercano a vivir con un gran bienestar emocional, que en definitiva es lo que todo el mundo desea, que a otras formas de estar y sentir.

Este libro puede ser un camino de iniciación al coaching, a tu propio acompañamiento para el cambio, al entrenamiento que necesitas para mejorar tu vida y conseguir tus objetivos. Y no olvides que SOLO TÚ serás el responsable de ese éxito. Solo tú, tu motivación, tu perseverancia, y tus ganas de llegar adonde desees.

Pero tengo que volver a recordarte algo importante: no pienses que con solo leer este libro ya serás más feliz. Estas páginas pueden abrirte una puerta a tu bienestar emocional, y te harán reflexionar sobre muchos temas importantes que pueden cambiar tu vida. Pero desde luego, no serás más feliz con solo leerlo. Esa es una tarea diaria en la que necesitas entrenarte, como el mismo título del libro dice.

El coaching siempre parte de tu situación actual; no indaga en el pasado, sino que va del presente al futuro deseado. No es una terapia, es un entrenamiento.

Piensa que la vida no es eterna. Cada día que pasa no se recupera. No volverá esa puesta de sol que no has disfrutado con quien deseabas, ni recuperarás los besos que no has dado, ni las caricias que añoras a diario. Todo se pierde en la vorágine de la vida. Empleemos nuestro tiempo, al menos el que no estamos durmiendo, en entrenarnos para ser más felices… ¡Merece la pena intentarlo!

Puedes pasarte toda la vida en un trabajo que no te satisface, solo porque tienes un sueldo seguro, y no intentar vivir ese sueño que sabes que te haría feliz. ¿Qué te lo impide? Seguramente tu miedo a fracasar, tu inseguridad, o la inseguridad que te transmiten muchas de las personas que están a tu alrededor, y también el no atreverte a salir a conocer otros mundos en los que no sabes qué te vas a encontrar.

Es muy importante saber que hay que estar plenamente convencidos de que deseamos entrenarnos para aprender a ser más felices. Si no estamos completamente seguros, no debemos comenzar este entrenamiento, porque no se conseguirá un aprendizaje correcto si algo no se desea realmente. Por consiguiente, no sigas leyendo este libro si uno de tus mayores deseos en la vida no es aprender a ser más feliz.

Y seguro que te preguntarás: "¿Pero ¿cómo no voy a desear entrenarme para aprender a ser más feliz?

¡Eso lo desea todo el mundo!" Es cierto, pero no todo el mundo está dispuesto a realizar ese entrenamiento que en realidad a veces es difícil, porque resulta más cómodo en muchas ocasiones, seguir como hemos estado toda la vida, sin perseguir sueños, sin cambiar rutinas, sin crear nuevos hábitos o empezar una nueva vida, es decir, nos resulta mucho más cómodo y fácil continuar dentro de nuestra zona de confort, que es el lugar donde estamos acostumbrados a vivir aunque no estemos felices; simplemente estamos cómodos porque es lo que conocemos. Por eso, si no estás seguro de querer entrenarte para ser más feliz, aunque tengas que hacer algunos sacrificios, por favor, no sigas leyendo este libro.

¿Deseas ganar unas olimpiadas? Tienes que entrenarte duro, sacrificar tu tiempo, tu dieta y más cosas, y solo lo conseguirás si realmente tienes ese deseo y potencias tus capacidades.

¿Deseas comunicarte correctamente en otro idioma, por ejemplo en inglés? Debes estudiar y practicar mucho, dedicarle bastantes horas, poner empeño en conseguirlo, pensar que puedes lograrlo.

¿Deseas convertirte en uno de los mejores alpinistas del país? Tienes que entrenarte para estar en forma y comenzar a subir distintas montañas que al principio no presenten demasiada dificultad hasta que puedas alcanzar las cumbres más altas, desafiando a los vientos y a las tempestades.

Así que… ¡recuerda!, si de verdad quieres aprender a ser más feliz, si estás convencido de que merece la pena perseguir ese sueño que llevas mucho tiempo acariciando, entonces… continúa leyendo este libro. Si por el contrario deseas conformarte con la vida que tienes, aunque no estés satisfecho con ella, si no quieres cambiar la comodidad del "sofá de la vida" por la pasión de buscar lo que deseas, entonces, cierra estas páginas rápidamente y pásaselo a otra persona que de verdad quiera saber cómo puede conseguir ser más feliz, aun cuando sus circunstancias no sean las ideales. No es demasiado difícil… ¡solo hay que desearlo y pasar a la acción!

Por supuesto, además de desearlo es muy importante quererse mucho. Si te quieres mucho y crees que te mereces lo mejor, no dudarás en buscar tu felicidad. Debes pensar que eres una persona única, especial y con muchas cosas valiosas en tu interior, y por lo tanto, te mereces lo mejor. No lo dudes nunca.

La felicidad auténtica no consiste en experimentar continuamente la sensación de estar en una fiesta permanente de la vida donde vemos maravillosos fuegos artificiales, sino en percibir las cosas de otra forma. Y esta nueva percepción surge de aceptar que la vida tiene momentos fantásticos, pero también momentos durísimos, y que tanto en medio de unos y de otros debemos ver con ojos diferentes todo lo que esté a nuestro alrededor: la sencilla belleza de las flores, la grandiosidad de la naturaleza, el gran valor de una sonrisa, de un abrazo, de unas palabras, el amor de los que tienes lejos o cerca, la pureza del agua, la profundidad de un cielo estrellado…

Muchas veces relacionamos felicidad con tener buena salud (y cuando pensamos en buena salud nos referimos siempre a nuestra salud física), y desde luego es algo muy importante. Pero no podemos olvidar que para ser feliz debemos tener también una buena salud emocional. La mente y el cuerpo están unidos. Cuando mejoras la salud física, experimentas un mayor bienestar emocional. Por ejemplo, el ejercicio físico no solo fortalece el corazón y los pulmones, también libera endorfinas, unas poderosas sustancias químicas que nos dan energía y elevan nuestro estado de ánimo. Por eso en este libro, el entrenamiento para aprender a ser feliz combinará la mejora de la salud física y de la salud emocional, para que nuestro bienestar sea lo más completo posible.

Si eres una de esas personas a las que sí les gustaría entrenarse para aprender a ser más feliz, entonces… ¡enhorabuena! Léete este libro, que es bastante corto. Pero… ¡no te confundas! Su brevedad no es sinónimo de escaso contenido; quizás lo contrario, porque cada una de sus páginas pretende arrancarte una reflexión. Por eso, una vez que lo leas no vuelvas a ponerlo en tu biblioteca para que acumule polvo. Déjalo en tu mesita de noche, o al lado de ese sillón en el que te sientas a leer otras cosas, y de vez en cuando cógelo de nuevo, vuelve a releerlo, y piensa que todo lo que hay entre estas páginas puede ayudarte a empezar un nuevo camino, una nueva vida. Pero sobre todo no olvides… ¡que solo dependerá de ti que seas una persona más feliz! Puedes empezar a entrenarte para que la felicidad esté presente en tu vida en muchos momentos, aunque tampoco debes olvidar que habrá muchos momentos en los que cuando la felicidad no pueda ser tu compañera de viaje, por cualquier motivo, recuerda que lo que más se acerca a la felicidad, es la serenidad, la paz interior. Y esa serenidad sí que podrá estar a tu lado si has conseguido un buen equilibrio emocional.

¡EMPIEZA EL ENTRENAMIENTO!

Para aprender a ser más feliz hay que entrenarse como para unas Olimpiadas. Cualquier cosa que desees conseguir implica prepararse para ello, trabajar para conseguir ese objetivo; adiestrarse sin descanso un día tras otro.

De la misma forma que la preparación física se entrena en el gimnasio, la preparación para ser más feliz se entrena en tu mente.

Tengas la edad que tengas puedes empezar a entrenarte para que el resto de tu vida puedas ver las cosas desde otro prisma y eso te haga disfrutar mucho más del día a día. No es fácil, pero puedes conseguirlo si te preparas diariamente y a conciencia.

Si no te adiestras a fondo, nunca llegarás a la meta porque te cansarás cuando comiencen las dificultades. Y lo más importante es que debemos aprender a entrenarnos en medio de un viento huracanado, mientras vivimos una gran tormenta, o con un sol sofocante. En cualquier circunstancia debemos continuar con la preparación. Porque la felicidad no es una meta, es un estado mental que podemos conseguir, y que, por supuesto lograremos, gracias a nuestra constancia y a ese entrenamiento.

Los atletas que se entrenan para las olimpiadas no dejan una semana de hacer sus ejercicios porque esté lloviendo o porque haga mucho calor. Tienen una meta, que es ganar una medalla, y por eso entrenan, muchas horas al día, para poder estar en el pódium.

Igualmente nosotros debemos entrenarnos, pero para aprender a ser más felices a lo largo de toda nuestra vida. ¿No es esa quizás la mejor meta que podríamos conseguir en nuestro caminar diario? En este entrenamiento no debes rendirte, como no te rendirías si se tratara de obtener una medalla en unos juegos olímpicos. Cuando comiences el entrenamiento —o si lo has comenzado ya — recuerda que cada minuto cuenta, cada día es importante, suceda lo que suceda en esa jornada.

AL DESPERTARTE...

Cada día tienes que levantarte dispuesto para ese entrenamiento que te enseñará a LLEVAR AL GIMNASIO A TU CEREBRO para que poco a poco vaya adquiriendo esa fortaleza mental que hará que cuando haya que superar alguna prueba dura, tu pensamiento desee seguir adelante.

Cada mañana, cuando te despiertes, debes estar dispuesto a realizar ese entrenamiento, aunque a veces veas muchas tormentas a tu alrededor, aunque haga frío, o no te apetezca salir de casa para nada.

Con ese entrenamiento conseguirás que tu cerebro se renueve cada día, y que sus neuronas creen nuevas redes que harán que puedas comenzar a pensar de otra manera. La mejor noticia que nos han podido dar los científicos es la certeza de la neuroplasticidad del cerebro, que quiere decir, sencillamente, que tu cerebro es como la plastilina, moldeable; tú debes modelarlo a tu manera.

La neuroplasticidad, también conocida como plasticidad cerebral, es la capacidad del cerebro para crear nuevas redes neuronales y así adaptarse a los distintos acontecimientos, o cambiar, como resultado de nuevas conductas y experiencias, y de nuevos pensamientos.

Y para realizar bien ese entrenamiento con el fin de que tu cerebro se ponga en forma, y además, no te lesiones, hay que seguir algunas indicaciones prácticas de las que no te puedes olvidar. Un entrenamiento eficaz no se consigue el primer día, o la primera semana. Se necesita constancia y perseverancia en cada una de las etapas. Se ha demostrado científicamente que la formación de nuevas redes neuronales no es un proceso inmediato, sino que lleva su tiempo. Dura unas tres semanas de media, y por eso, empezar a desarrollar un nuevo hábito lleva también este tiempo.

Si deseas que un aprendizaje importante se quede arraigado en tu cerebro, debes repetirlo al menos durante veintiún días.

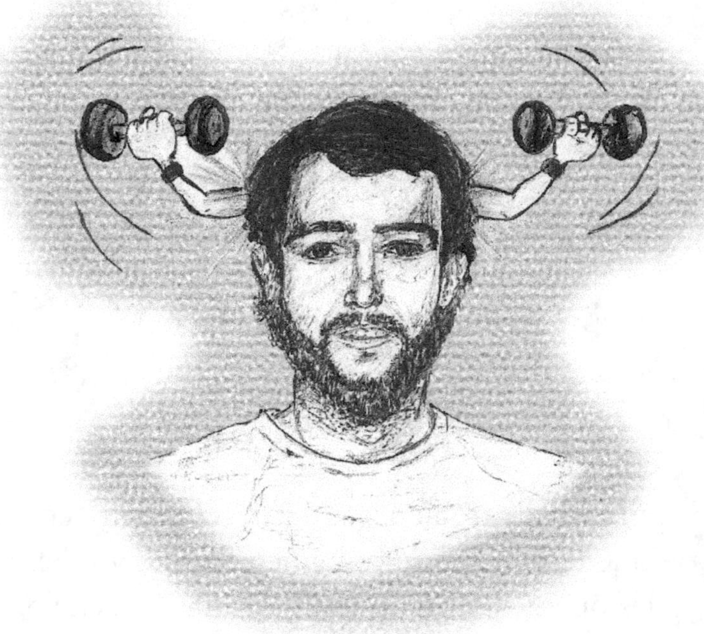

Y ahora… comencemos las pautas para un entrenamiento correcto.

Al despertarte, en cuanto tomes conciencia de que estás despierto, deberías dar gracias a la vida…

-Por el regalo de un nuevo día.

-Por haber tenido un lugar donde descansar y reposar tu sueño de los avatares del día anterior.

-Por tener la posibilidad de degustar un buen desayuno.

-Por tener a una, dos, tres, o cinco personas que te quieren y para quienes eres importante y especial.

Y exactamente igual cuando acabe el día. La gratitud es una de las bases de la felicidad. La palabra "gracias" forma parte del vocabulario básico de la mayor parte de las culturas.

El agradecimiento hacia las cosas que tienes y a las personas que están a tu alrededor hará que tu sensación de bienestar y equilibrio se potencie.

Y si puedes, acostúmbrate a escribir todas las cosas por las que puedes dar gracias cada día. Al escribirlas las interiorizarás aún más y serás más consciente de ellas.

Las investigaciones sobre la gratitud muestran que las personas agradecidas son más felices, más enérgicas, más optimistas.

CUANDO ESTÉS BIEN DESPIERTO, PRACTICA MINDFULNESS

Cuando te levantes, el primer ejercicio consiste en tomar conciencia de tu respiración, de tu cuerpo, de que estás vivo. Y para esto, lo mejor es meditar. No es algo complicado ni a lo que hay que dedicar mucho tiempo. Basta con empezar con cinco minutos, y solamente debes centrarte en el ritmo de tu respiración. A medida que pase el tiempo, seguro que decidirás que practicar un poco más te vendría muy bien. Cuando llegues a los cinco o diez minutos diarios por la mañana y por la noche, te darás cuenta de cuánto te puede ayudar en tu día a día.

Para eso, hay que poner el despertador la noche anterior un poco antes de lo habitual y dedicar los primeros minutos del día a la meditación. Son muchas las cosas que conseguirás al integrar la meditación y el control de la respiración diariamente en tu vida cotidiana. La serenidad, la calma, y el sosiego se irán instalando en tu interior y con el tiempo te darás cuenta de que te enfrentarás a los momentos adversos con mayor tranquilidad. Cuando te hayas acostumbrado a meditar, comprenderás las ventajas de hacerlo y saborearás la serenidad que te aporta.

Además, a nivel físico se ha comprobado que la meditación disminuye la tensión arterial, fortalece el sistema inmunológico, calma las dolencias psicosomáticas causadas por el estrés y retrasa el proceso de envejecimiento.

Algo importante es señalar que se puede realizar la meditación sentado en una silla, sin cruzar las piernas o los brazos y manteniendo la espalda recta.

Un tipo de meditación es el mindfulness que ayuda a nuestro cerebro de una manera muy eficaz a enfrentarse a las adversidades de la vida diaria, y también a saborear intensamente los buenos momentos que vivimos en el día a día, y por supuesto a valorar la sencillez de los momentos cotidianos.

¿Y qué es mindfulness?

Mindfulness es la capacidad de vivir el momento presente, aceptándolo y sin juzgar. A través del mindfulness se toma conciencia de cada momento vivido. Aprender a practicar mindfulness es la clave para una nueva forma de ser, estar, hacer, tener, y en definitiva, para una nueva forma de vivir.

La palabra mindfulness no tiene traducción al español, pero puede traducirse como "atención plena" y su práctica nos proporcionará una gran serenidad, sabiduría y capacidad de aceptación, algo sumamente importante para adquirir un mayor bienestar emocional. En realidad, consiste en ejercitar nuestra atención como si fuera un músculo, es decir, entrenar esa atención, y aunque las ideas se suceden una tras otras y van saltando sin control del futuro al pasado y viceversa, con la práctica del mindlfulness logramos que nuestra mente se centre en el momento presente.

Como dice el doctor Mario Alonso Puig en su libro "Tómate un respiro. Mindfulness", … "Lo que el mindfulness nos ofrece es que donde parece que no hay más que inseguridad, sufrimiento y desolación, encontremos también una sorprendente serenidad. Lo que de verdad cuenta es que en esos difíciles momentos puede llegar a emerger de lo más profundo de nuestro ser algo realmente transformador. Esto que surge es una paz imperturbable, una alegría interior, una sabiduría, una capacidad de comprensión, una vitalidad, una confianza, una gratitud y un amor compasivo de tales características que con frecuencia desafían lo conocido y experimentado hasta ese mismo instante".

SEÑAL DE VICTORIA

Un segundo ejercicio muy sencillo consiste en hacer cada mañana con los dedos índice y corazón la señal de victoria (V), simplemente porque comienzas la aventura de vivir un nuevo día donde te pueden ocurrir cosas maravillosas.

Este ejercicio deberás repetirlo más de una vez a lo largo de la jornada cuando consigas algo, aunque sean pequeñas cosas, o cuando tomes verdadera conciencia que vivir cada momento intensamente es lo mejor que te puede suceder.

RISAS Y SONRISAS

El siguiente ejercicio es también muy sencillo: SONREÍR, Y SI PUEDE SER, REÍR, REÍR A CARCAJADAS.

Sí, sonreírle a la vida, sonreírle a los que te quieren, sonreírle a las cosas buenas que te puedan pasar, y sonreírte a ti misma para que tu cerebro empiece a segregar endorfinas, la hormona de la felicidad. Se les llama así porque las endorfinas tienen un gran poder analgésico y ayudan a mitigar el dolor.

Recuerda que se necesitan solo trece músculos para sonreír, y veintisiete para enfadarse.

Si te acostumbras a sonreír, le estarás enviando mensajes a tu cerebro de que la vida merece la pena ser vivida, a pesar de los momentos duros.

Sonreír ayuda a liberar tensiones y a alargar la vida.

Reír tiene muchos beneficios para nuestra salud mental y física.

También liberas adrenalina (componente que incrementa la creatividad y la imaginación), dopamina (que favorece la agilidad mental) y serotonina (posee efectos calmantes y disminuye la ansiedad).

Según los expertos, la risa disminuye los niveles de **cortisol, que es la hormona asociada al estrés**.

El estrés, en su justa medida, es necesario porque gracias a él nuestro cuerpo responde a distintas situaciones en las que tenemos que estar activos o en las que hay peligro. Pero cuando la situación se repite y vivimos en una situación de estrés continuo, los niveles de cortisol suben y puede provocar enfermedades como la diabetes, depresión, resistencia a la insulina, hipertensión y otras enfermedades autoinmunes.

La risa hace que nuestro estrés baje y también los niveles de cortisol porque aumenta los niveles de óxido nítrico y la cantidad de colesterol bueno, y potencia la actividad de los linfocitos, agentes que ayudan al sistema inmunológico ante el ataque de células tumorales.

Una buena carcajada puede ser una forma eficaz de liberar emociones que muchas veces dejamos dentro, algo que no nos beneficia mucho. Todo se ve mucho mejor después de una buena carcajada y la vida la vivimos de una forma más positiva.

Los beneficios psicológicos de la risa son realmente importantes:

Segregamos endorfinas. Cuando reímos, segregamos una hormona llamada endorfina, que está muy asociada a la sensación de felicidad. Además, la risa también nos hace segregar dopamina y serotonina, sustancias que combaten algunos trastornos del estado de ánimo como la depresión o la ansiedad.

Nos hace más sociables. Cuando compartimos buenos momentos con amigos, compañeros o familia y reímos con ellos, estamos compartiendo experiencias únicas y positivas, algo que mejorará nuestras relaciones interpersonales, y por tanto, nuestro ánimo.

Aumenta la autoestima. La risa nos permite dejar a un lado el sentido del ridículo y puede hacer que nos tomemos la vida con buen humor y con más relajación, cosa que puede acarrear una mejora en nuestra autoestima.

Fomenta nuestro optimismo. La risa nos aporta un estado de ánimo positivo. Cuando estamos de buen humor, es habitual que generemos pensamientos positivos. La risa puede hacer que relativicemos muchas de las dificultades que pueden surgir en nuestra vida diaria y empecemos a crear un buen estado mental que nos lleve hacia el optimismo.

UNA BUENA DOSIS DE DEPORTE

A continuación sería bueno calzarse unas buenas zapatillas deportivas y salir a hacer deporte, o si el tiempo lo impide, hacer algún tipo de tabla de ejercicio en casa. ¿Para qué? Porque también la actividad física es un elemento que enseña a tu cerebro a programarse para ser feliz. El ejercicio físico es algo que hace elevar tu autoestima, es un factor fundamental para cuidar tu salud, y es milagroso cuando estás triste. El deporte te ayuda a mantenerte más equilibrado emocionalmente, te hace evadirte de los problemas y te permite disminuir la ansiedad, el estrés y la depresión.

El ejercicio físico tiene beneficios físicos, eso es indudable, pero también beneficios psicológicos.

Entre los beneficios físicos podemos citar que mejora la forma y la resistencia física, regula las cifras de la presión arterial, incrementa o mantiene la densidad ósea, mejora la resistencia a la insulina, ayuda a mantener el peso corporal, aumenta el tono y la fuerza muscular, y mejora la flexibilidad y la movilidad de las articulaciones.

Entre los beneficios psicológicos, aumenta la autoestima, reduce el aislamiento social, la tensión y el estrés, ayuda a la relajación, y aumenta el bienestar general.

¿Qué esperas para empezar?

Si adquieres el hábito de hacer deporte a diario, notarás esos beneficios muy pronto. ¡No pierdas la oportunidad de mejorar tu vida a través de una actividad deportiva de cualquier tipo: corre, anda, nada, juega al pádel, al tenis, monta en bici… ¡Hay muchos deportes que puedes intentar practicar! ¡Eso sí!, si nunca has practicado, consulta a un experto; te aconsejará, dependiendo de tu edad y de tu forma física, la actividad física a la que puedes optar.

¿Y SI BAILAMOS?

Y hay otra actividad recomendada que es fantástica para comenzar un nuevo día: ESCUCHAR MÚSICA Y BAILAR. Bailar en el salón, en la cocina, o en tu habitación - si tienes espacio y te apetece- la música que te guste para contagiarte de optimismo y energía positiva. Si no lo has probado… ¡no lo dudes! Empieza a hacerlo. ¡Te embrujará!

Al principio puede parecerte que estás haciendo "un poco el tonto", pero es un ejercicio estupendo para decirle a tu cerebro que estás dispuesto a enfrentarte a cualquier cosa. El baile es terapéutico y cuando lo conviertas en un hábito, no querrás dejarlo. Es cierto que habrá momentos en tu vida en los que no te apetecerá bailar. No importa. Las ganas de hacerlo volverán, aunque tarden un poco, y entonces te darás cuenta que no es una actividad más; es una actividad que te da vida.

Otras veces puedes simplemente escuchar música clásica, para relajarte, o música de meditación, pero también te vendrá bien escuchar a tus cantantes favoritos, o canciones que tienen un mensaje que hará que veas las cosas de otra forma. Canciones como: "Resistiré", del Dúo Dinámico; cuando bailes esta canción le mandas un mensaje claro a tu cerebro… que puedes resistir, que vas a aguantar todo lo que llegue, que vas a aceptar eso que vaya llegando a tu vida.

Y hay otras canciones con ritmo, y con una letra significativa que también pueden enviarte un mensaje muy positivo. Canciones como "Hoy te toca ser feliz", de Mago de Oz; "Hoy puede ser un gran día", de Joan Manuel Serrat; "Deja de llorar", de Mago de Oz; "Tengo una sonrisa para regalarte", de Ana Torroja; "Hoy todo va a salirme bien", de El arrebato; "Color Esperanza" de Diego Torres; "Sin miedo", de Rosana, y seguro que otras muchas.

Las melodías bien seleccionadas despertarán tus emociones, ayudarán a suavizar el dolor y conseguirán aportarte paz, equilibrio y tranquilidad.

Pitágoras, Aristóteles y Platón ya creían que la música influía positivamente a nivel físico y emocional.

Entre los beneficios de la música se pueden citar algunos como:

-Reduce el dolor, previene el estrés, refuerza tu sistema inmunológico, estimula tu cerebro, aumenta el rendimiento, facilita el sueño, aumenta el optimismo, ejerce de medicina emocional, invita a la socialización y es buena para meditar.

UNA DUCHA ESPECIAL

A continuación, ejercicios de brazos enjabonándote y dejando que te caiga una buena ducha y el agua te empape de pensamientos positivos. ¡Recuerda!: Las personas optimistas viven más años, y desde luego viven mucho mejor. Esto no quiere decir que pienses en todo momento que cualquier cosa que nos suceda es fantástica. ¡NO! Habrá muchas cosas que te resulten durísimas e injustas, pero el aprender a tener pensamientos positivos hará que saborees más intensamente los momentos buenos, y ante los mucho menos buenos te sientas capaz de superar el dolor y seguir adelante.

Si además incorporas el mindfulness a tu vida, el momento de la ducha es fantástico para practicarlo de manera informal mientras el agua cae sobre tu cuerpo. ¿Y eso cómo se hace? Pues simplemente viviendo el momento presente, no pensando en otra cosa que no sea la ducha, intentando sentir el agua sobre tu piel, percibir las sensaciones que experimentas, notar cómo ese agua tiene una temperatura determinada.

Eso también lo puedes hacer con cualquier actividad cotidiana: mientras te lavas los dientes, mientras comes, cuando estás dando un paseo, o mientras friegas los platos. En eso consiste la práctica informal del mindfulness. Si la incorporas a tu vida, tanto de manera informal como formal, la aceptación será una de las cosas que vayas integrando en tu día a día y que haga que la serenidad sea tu compañera de camino.

Recuerda, cuando la felicidad no puede estar presente en tu vida, lo que más se acerca a ella es la serenidad. Es una frase que no debes olvidar.

SOY CAPAZ DE MEJORAR CADA DÍA.
SOY UNA PERSONA ESPECIAL, ÚNICA Y VALIOSA.
BUSCARÉ DENTRO DE MÍ LA SOLUCIÓN A MIS PROBLEMAS.
SI NO HAY NADIE QUE CREA EN MÍ, LO HARÉ YO; CON ESO SERÁ SUFICIENTE.
CUALQUIER EXPERIENCIA NEGATIVA SERÁ SIEMPRE UNA LECCIÓN DE VIDA.

PENSAMIENTOS POSITIVOS

Si algún día te levantas con menos ánimos que otros…
Si un atardecer ves que te cuesta demasiado sonreír…
Si en ocasiones notas que el cielo está demasiado negro…
Si en algún momento sientes que tu dolor es tan gran-
de que no te cabe nada más dentro…

Entonces piensa que nada es eterno,
que todo poco a poco cambia de color,
que en las próximas horas volverá a
a lucir un sol radiante,
que pronto volverá a parecerte mágico
un soplo de aire fresco.
Y será en ese instante cuando
tus ánimos volverán a subir a lo más alto,
la sonrisa se dibujará de nuevo en tu rostro,
el cielo se tornará azul
y el dolor se hará cada vez más pequeño.
Pero para que esto suceda, el tiempo tiene que aliarse
con tus fuerzas,
con esas fuerzas que debes buscar dentro de ti,
porque son un tesoro que jamás debes dudar
que se encuentran en tu interior.

UNA DIETA SANA TAMBIÉN CUENTA

Te quedarían, cuando salieras de la ducha, movimientos circulares con la muñeca exprimiendo unas cuantas naranjas para acompañar tu desayuno con un nutritivo zumo cargado de vitamina C. Una dieta sana y equilibrada también te ayudará a ser más feliz porque hará que tu cuerpo esté cuidado. Y no solo debes tener en cuenta tu dieta a primera hora del día, sino en cualquier momento de la jornada: come mucha fruta, verdura, poca carne, más pescado y suprime los dulces, la bollería industrial… No quiere decir que lleves una dieta espartana y no te permitas de vez en cuando algún capricho, pero sí debes tener cuidado cómo te alimentas.

Los beneficios de una buena nutrición son múltiples. Además de ayudar a mantener un peso saludable, una buena nutrición es esencial para el cuerpo y todos sus sistemas funcionarán mucho mejor a lo largo de nuestra vida.

Como indica la Fundación Española del corazón, "Una **dieta saludable** es aquella que incorpora alimentos bajos en grasa saturada, colesterol y sodio, y es rica en fibra y ácidos grasos esenciales como el aceite de oliva extra virgen, además de frutas, verduras, cereales, lácteos, frutos secos, carnes magras y pescado azul".

Beneficios de llevar una dieta saludable:

1. Mejora el cerebro

Una dieta rica en verduras, frutas, pescado y frutos secos, como las nueces o almendras, ayuda a reducir el deterioro de la memoria, atención y otras funciones cerebrales, revela un estudio de la McMaster University.

2. Brinda energía

El organismo consigue energía para realizar sus actividades a partir de los alimentos, por ello es importante que la dieta contenga carbohidratos saludables y no dañinos.

3. Protege el corazón.

Ingerir alimentos saludables, como los cereales integrales, ayuda a reducir los niveles de colesterol malo LDL, que es perjudicial para el corazón, al tiempo que aumenta el colesterol bueno (HDL).

4. Mantiene la presión baja

Debido a que una dieta saludable es baja en sodio, ayuda a mantener la presión arterial en los niveles adecuados, es decir en 120/80 mm/Hg, informa igualmente la UMMC.

5. Reduce el estrés

Ciertos alimentos tienen la capacidad de moderar la producción de cortisol, causante del estrés, en el organismo. Algunos de ellos son los que contienen vitamina C, como las naranjas, ácidos omega 3, el salmón por ejemplo, y magnesio.

6. Fortalece el sistema inmune

Llevar una dieta saludable ayuda a que el organismo se recupere de lesiones y enfermedades gracias a que el sistema inmune ha obtenido los nutrientes necesarios para estar fuerte de acuerdo con University of Sheffield.

7. Vigoriza los huesos

Los productos lácteos y las verduras ayudan a fortalecer los huesos, brindándoles cantidades adecuadas de calcio, y evitar la osteoporosis.

8. Ayuda al sistema digestivo

Cuando se consumen muchos alimentos saludables el sistema digestivo funciona mejor, no tiene que digerir comidas grasas, condimentadas o preparadas de forma poco saludables, indica la Fundación Universitaria de San Gil.

Llevar una alimentación saludable no es cuestión de moda, en suma todos estos beneficios te darán más años de vida. De acuerdo con un estudio del Hospital Brigham and Women's, seguir la dieta mediterránea ayuda a las personas a retardar el proceso de envejecimiento.

Y AHORA... ¡ABRAMOS LA PUERTA AL NUEVO DÍA!

Y después de todos estos ejercicios matutinos, ya estás dispuesto a empezar el día, abrirle la puerta a la vida y salir a abrazar esa nueva jornada que comienzas.

Pero para llegar mucho más satisfecho al final de cada día, no puedes limitar el entrenamiento a las primeras horas, sino que te conviene seguir estas indicaciones sencillas —que no debes olvidar— durante toda la jornada para que el entrenamiento sea eficaz, y… ¡lo más importante!, para que llegue un momento que las tengas tan interiorizadas que las sigas sin darte cuenta, y además te sea imposible vivir de otra manera.

No dejes de intentar conocerte a ti mismo buscando cada día ratos de silencio y soledad en los que se despiertan todos los sentidos. Desde esos momentos llegarás más fácilmente a escuchar el lenguaje de tu corazón, que es el verdaderamente importante. En medio de la soledad y del silencio, aprenderás a conocerte, y si te conoces, sabrás lo que deseas, lo que te hace feliz. Conocerás tus debilidades y fortalezas y ese será un buen camino para empezar a tramitar el sendero del autoconocimiento, pilar básico de la inteligencia emocional.

Regalarte tiempo y espacio para escuchar tu voz interior es importante. El autoconocimiento es fundamental para saber qué camino quieres tomar en la vida, qué deseas hacer, qué cosas te hacen ser más feliz… Puede que al principio te resulte extraño y hasta difícil, buscar momentos de soledad y silencio —porque estás demasiado inmerso en la vorágine de la rutina diaria— pero con el tiempo serán imprescindibles porque te llenarán de serenidad.

Ya lo dijo Sócrates: "Conócete a ti mismo". El autoconocimiento es la base de tu bienestar emocional. Habrá muchos momentos en los que te resultará difícil estar a solas; no te desanimes; si verdaderamente empiezas a comprender la importancia de buscar el silencio y la soledad, aprenderás a encontrar esos momentos. Si para eso tienes que subir a una altísima montaña y algunas veces sientes que te cuesta alcanzar la cima, no lo dudes, sigue adelante, merecerá la pena llegar al final.

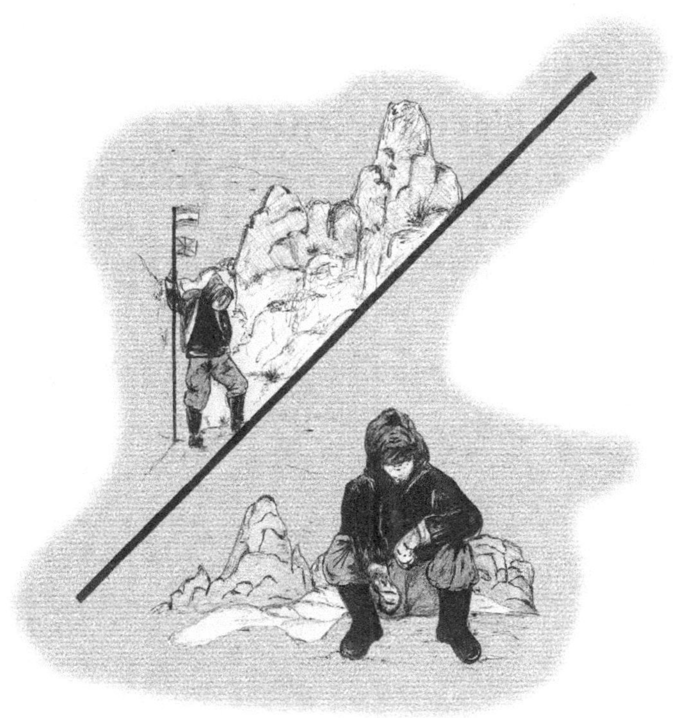

VISUALIZA PANCARTAS ESPECIALES

Y ahora cierra los ojos y visualiza que cuando sales a hacer deporte cada día, te encuentras en tu camino estas vallas publicitarias, o pancartas colocadas de lado a lado de las calles. Reflexiona sobre ellas e imagina que las ves cuando sales a hacer tu entrenamiento.

NO MERECE LA PENA
ENFADARSE O CARGARSE
DE ENERGÍA NEGATIVA POR
COSAS QUE PUEDEN SER
INSIGNIFICANTES.

DESEAR MUCHO UNA COSA NO
CAMBIA NADA. TOMAR UNA
DECISIÓN LO CAMBIA TODO.

NO IMPORTA LO COMPLICADO
QUE SEA TU OBJETIVO.
¡INTENTA SIEMPRE CONSEGUIR
LO QUE DESEAS!

NUNCA BUSQUES EL MOMENTO
PERFECTO PARA TOMAR UNA
DECISIÓN DIFÍCIL. EL MOMENTO
PERFECTO NO EXISTE.

¡SOLO SÉ VALIENTE Y DECÍDETE!

SEGURO QUE ALGÚN DÍA DIRÁS:
"NO FUE TAN DIFÍCIL,
¿CÓMO NO LO HICE ANTES?"

"NO IMPORTA LO COMPLICADO QUE SEA EL OBJETIVO QUE QUERES LOGRAR. NO DEJES DE INTENTAR CONSEGUIR LO QUE DESEAS".

NO TE CONFORMES CON LO QUE TIENES –AUNQUE ESTÉS CÓMODO–

SI SABES QUE HAY OTRAS COSAS QUE TE HARÁN MUCHO MÁS FELIZ.

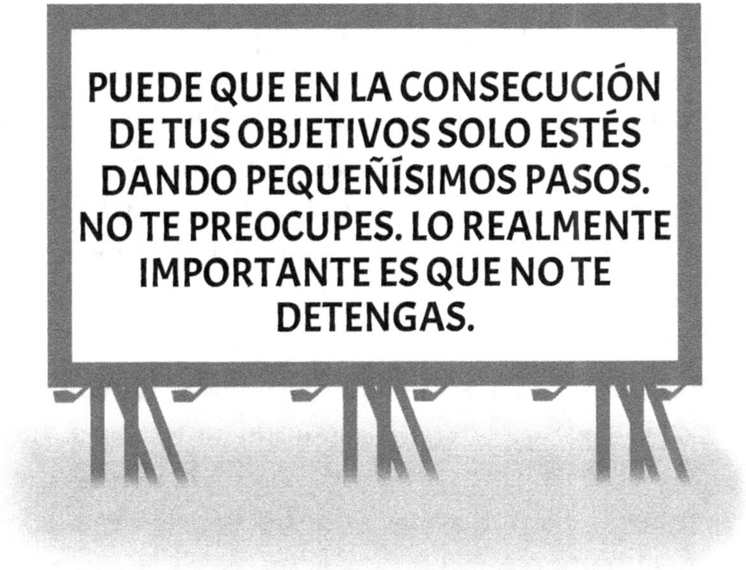

PUEDE QUE EN LA CONSECUCIÓN DE TUS OBJETIVOS SOLO ESTÉS DANDO PEQUEÑÍSIMOS PASOS. NO TE PREOCUPES. LO REALMENTE IMPORTANTE ES QUE NO TE DETENGAS.

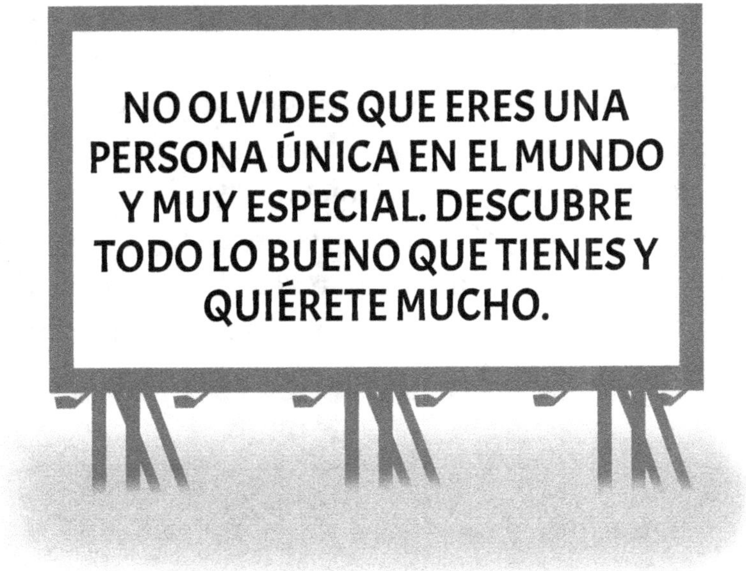

NO OLVIDES QUE ERES UNA PERSONA ÚNICA EN EL MUNDO Y MUY ESPECIAL. DESCUBRE TODO LO BUENO QUE TIENES Y QUIÉRETE MUCHO.

DESATA NUDOS

Cuando llegues a la cima de la montaña, cuando logres saber lo que te hace feliz, tienes que comenzar a hacer un importante ejercicio de **PSICOMOTRICIDAD FINA** (como cuando los niños de Educación Infantil comienzan a aprender el manejo del lápiz o las tijeras). Debes deshacer las cuerdas y los nudos que te atan a muchas situaciones que no te dejan encontrar el camino hacia tu bienestar emocional, hacia tu serenidad, y por tanto, hacia tu felicidad. No te desanimes si los nudos parecen difíciles de deshacer; tómate el tiempo necesario, sé paciente y persistente. Si no te cansas, al final, lograrás deshacerlos.

¡Y por favor, nunca pienses que es imposible! Solo si visualizas lo que deseas conseguir, algún día lo tendrás en tu mano. No te canses de repetirte que puedes llegar a lograr lo que deseas, que puedes deshacer esas ataduras que te sujetan desde hace tiempo a situaciones que no deseas vivir. Si merece la pena, por muy difícil que parezca, lo conseguirás, pero no te olvides de decirte una y otra vez que serás capaz de conseguirlo.

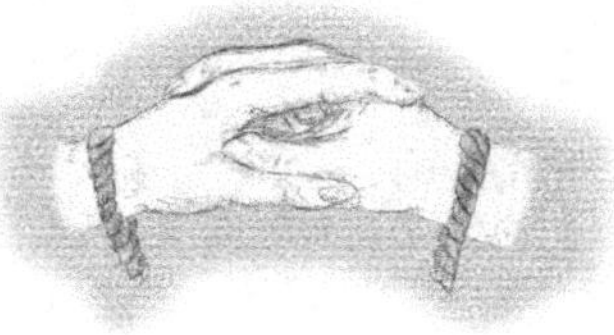 

PELEA CON TUS MIEDOS

Otro ejercicio muy importante es aprender a PELEAR CON TUS MIEDOS, sin dejar de pensar que puedes vencerlos, porque la inmensa mayoría de las veces no son tan poderosos como parecen.

La vida es demasiado corta como para vivir con temores. Debes lograr que tu felicidad te importe tanto que pelees con esos miedos cada día con todas tus fuerzas. No pienses en lo que puedes perder, sino en lo que puedes llegar a ganar si eres capaz de vencer ese miedo que te impide conseguir lo que deseas.

El miedo puede acabar con tus sueños. ¡No lo permitas jamás! Como decía Emerson, filósofo norteamericano… "No conozco a ningún oponente que haya derrotado a más seres humanos que el miedo". Si lo deseas, puedes hacer que eso no se cumpla en tu vida. Solo tienes que pensar que vas a vencer, y desde luego, pasar a la acción.

Para no pasarte la vida anclado en un lugar, en un trabajo, o en una situación de la que no sales por temor, tienes que enfrentarte a esa amenaza, a esa situación, y cuando te enfrentes puede que te preguntes: "¿Por qué no lo he hecho antes? No era tan difícil"

A veces solo hace falta dar un paso, actuar con firmeza.

Dice el Dr. Mario Alonso Puig en su libro "El co-ciente agallas"… "Nunca esperes las circunstancias ideales para actuar, porque nunca las vas a tener. Acuérdate de que muchas veces solo hacen falta cin-co segundos de coraje para que no se te escape una oportunidad".

El miedo es una de las emociones más limitantes que puedes sufrir. Te hace dudar de tus capacidades y habilidades, y sobre todo, hace algo terrible, en-grandece los problemas y las decisiones difíciles, que puede que al final no lo sean tanto.

El gran cambio se producirá en ti cuando te de-cidas a dejar de vivir preso del temor y apuestes por vivir una vida de acuerdo a tus ilusiones y deseos.

¡¡PELEA CON TUS MIEDOS Y VÉNCELOS!!

DESHAZTE DE TUS CREENCIAS LIMITANTES Y PROCURA INTERIORIZAR LAS CREENCIAS POTENCIADORAS

Y también es importante entrenarse diariamente subiendo la tapa de un GRAN BAÚL, metiendo dentro y después cerrando con llave todas las CREENCIAS LIMITANTES – que son todos aquellos pensamientos que por herencia cultural o social te han transmitido, y que te limitan y te atan negativamente- y que la mayoría de las veces son un obstáculo para conseguir tus objetivos.

Las creencias limitantes son una percepción de la realidad que te impiden crecer como ser humano, desarrollarte de forma integral, y que no te dejan alcanzar esos objetivos que te hacen ilusión o que te pueden hacer más feliz.

En muchos casos esas creencias vienen de ideas que te han repetido desde la infancia. A veces también se deben "a una sola" experiencia traumática y negativa del pasado, y que comienzas a aplicar a toda tu vida en un momento determinado.

Las creencias tienen un gran poder ya que en función de lo que crees, eres de una u otra forma, y según estas creencias, te relacionarás e interactuarás con el mundo y con los demás de manera diferente, y tomarás unas decisiones u otras, que desde luego pueden marcar tu vida.

Tratar de alcanzar una meta, en este caso aprender a ser más feliz, con una creencia limitante, es como escalar una montaña llevando una mochila con 40 kg en la espalda.

Debes aligerar tu mochila cambiando tus creencias limitantes por creencias potenciadoras, que serán las que te ayuden a que tu entrenamiento sea más efectivo.

No dudes en identificar tus creencias limitantes, escribir cuáles son aquellas que te impiden conseguir lo que deseas. Solo así podrás comenzar el proceso de cambio para desterrarlas de tu vida. Usa una pregunta muy poderosa en coaching:

¿Y por qué no?

"Tanto si crees que no puedes, como si crees que puedes, estás en lo cierto".
Henry Ford

Después de este ejercicio tan importante de encerrar con llave cada día tus creencias limitantes, debes escribir en grandes pancartas y colgarlas en un lugar visible…

¡Tus fantásticas CREENCIAS POTENCIADORAS!, esas que harán que te creas y te sientas capaces de alcanzar todo lo que te propongas, tanto en tu vida personal como en tu vida profesional.

Debes convertirte en el pintor de tu propio lienzo.

ENTIERRA TUS CULPAS

La culpa es otra forma particular de miedo. En muchas ocasiones te enseñan a sentirte culpable desde la infancia. La culpa es destructiva porque bloquea el desarrollo emocional. Desprenderte de la culpa te devuelve la alegría de vivir y la libertad de ser tú mismo.

Aprender a dejar a un lado la culpa te ayudará a tener paz en tu corazón y en tu mente.

Por eso es fundamental hacer un ejercicio que puede resultar duro, pero hasta que no lo realices, no servirá de mucho el resto del entrenamiento. ¡Es imprescindible que lo empieces cuanto antes!

Debes cavar un gran agujero lo más hondo posible, para ENTERRAR TUS CULPAS. La culpabilidad es un sentimiento que puede llegar a ahogarte, y no puedes permitírtelo. El sentimiento de culpa es una de las emociones más destructivas que existen.

¡Ah! Y recuerda que, en este ejercicio, como en casi todos, ese agujero para enterrar tus culpas, tienes que hacerlo solo, no podrás pedir ayuda. Pero no te quepa duda, cuando las entierres… ¡te sentirás libre, y será fantástico!

NO SOY CULPABLE DE
DECIR "NO" O "HASTA
AQUÍ"

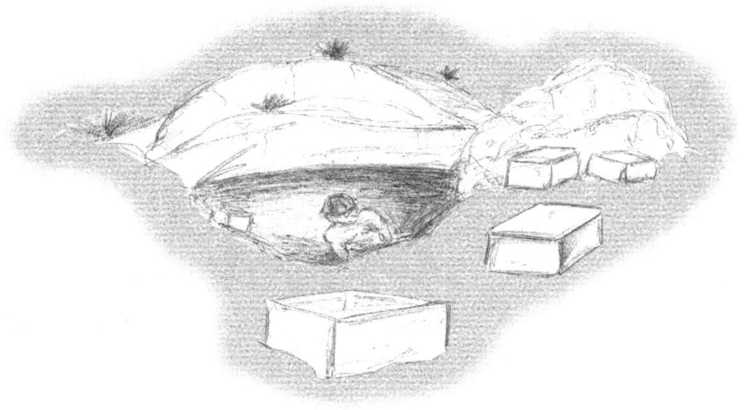

NO TENGO LA CULPA
DE DESEAR UN CAMBIO

NO SOY CULPABLE DE HABER
DESCUBIERTO QUE SOY
FELIZ CON OTRAS COSAS

REALIZAR DE VEZ EN CUANDO UNA "PARADA" A LO LARGO DEL DÍA

Conviene que a lo largo del día realices otro ejercicio sencillo de vez en cuando: "un full-stop", es decir, una parada en el camino, un minuto o dos de silencio, de quietud, de serenidad en cualquier momento de la jornada, en cualquier lugar. En ese momento tomarás conciencia de tu respiración, de tu cuerpo, de cómo fluye la vida por tu interior, de lo afortunado que somos solo por estar vivos.

Tomarás conciencia del momento que estás viviendo, del momento presente, sin pensar en el pasado ni en el futuro. Ese momento de "parada" puede servir para devolvernos la calma que necesitamos para continuar el camino.

RECORDEMOS...

Y si ya ha transcurrido la mitad del día, te recuerdo algunos movimientos importantes que formarán parte de ese entrenamiento fundamental que te ayudará a ser más feliz:

1. Sonreír, aunque no tengas muchas ganas, a ti, a los demás y a la vida. Y si además podemos reír, mucho mejor.

2. Incorpora el deporte diario a tu vida.

3. Practica mindfullness y viaja a tu interior poniendo atención a tu respiración y centrándote en el momento presente. Para eso, busca ratos de silencio y soledad para escucharte.

4. Lleva una dieta adecuada para cuidar tu cuerpo.

5. Abre tus dedos índice y corazón y haz la señal de victoria subiendo tu brazo todo lo que puedas sobre todo cuando recuerdes que serás capaz de conseguir lo que deseas, y también por estar vivo.

6. Pelea con tus miedos boxeando bien fuerte contra ellos.

7. Encierra tus creencias limitantes para que dejen de impedirte conseguir lo que deseas.

8. Entierra tus culpas para evitar que te ahoguen.

9. No olvides nunca tener un monologo interior positivo, que te dará fuerzas para seguir aun en los momentos más adversos.

10. Quiérete mucho, siéntete especial, una persona única; no dejes que nadie te diga lo contrario.

¡Y NO TE CANSES, EL ENTRENAMIENTO DEBE SER CONTINUO; SI NO ES ASÍ, NUNCA LLEGARÁS A LA META!

Y un poco más tarde, o en cualquier momento del día… "Entrenamiento en quietud".

Sí, este es un entrenamiento que lo puedes realizar sin moverte de un sitio determinado, en el que te encuentres a gusto, pero repitiéndote una y otra vez creencias potenciadoras y pensamientos positivos con el propósito de continuar entrenando a tu cerebro y de llevarlo al gimnasio cada día. ¡Tu cerebro tiene que subir al pódium!

Y esto no solo te ayudará en tu bienestar emocional, sino también en tu bienestar físico.

La psiconeuroinmunología es la ciencia que estudia la manera en la que tus pensamientos pueden afectar a tu sistema inmunitario, favoreciéndolo o limitándolo. Para los científicos, la relación cuerpo-mente es un hecho demostrado. Tu mente y tus emociones están conectados e influyen irremediablemente en la salud de tu cuerpo y en su capacidad para enfermar y recuperarse.

Según un estudio científico, un solo minuto de pensamientos negativos, baja los valores del sistema inmunitario durante seis horas.

Una valiosa herramienta contra las preocupaciones y los pensamientos negativos es llevar la atención a la respiración. Esto va a serenar mucho tu mente.

Aunque creas que no es posible en ese momento, inténtalo, y si te resulta más fácil, a la vez que vas llevando tu atención a la respiración, repite al inspirar y al expirar… "Aquí / ahora, aquí / ahora… "aquí" al inhalar, "ahora" al expulsar el aire.

CONTINÚA EL ENTRENAMIENTO

Y ahora continuemos con el entrenamiento. Hay otros puntos importantes a tener en cuenta.

Enseña a otros a ser felices, sobre todo a los que más quieres, a los más pequeños que tienes cerca… ¿Cómo? SIENDO VALIENTE. Si tú no aprendes a ser más feliz, si no dejas atrás tus miedos, si a pesar de no estar feliz con tu vida, continuas siempre viviendo de la misma manera, serás el artífice de que ellos no den el salto cuando deban darlo, de que ellos tampoco aprendan a ser valientes. No podrás pedirles después que dejen de vivir una situación que no les haga felices porque te dirán: "¿Cómo? ¡Tú no me enseñaste!"

¡Sé el espejo donde puedan mirarse! ¡Siempre te lo agradecerán!

¡LANZAMIENTO DE RELOJES! Sí, como lanzamiento de jabalina, de peso… pues eso, lanzamiento de tu reloj cuando no tengas que llegar al trabajo, o a una cita importante. Debes darte cuenta de cuántas cosas pueden ser aplazadas para disfrutar de otras que surgen de forma inesperada.

Disfruta de tus tardes, de tus noches, de tus fines de semana… no te esclavices mirando el reloj.

Cuando pasen los años y comprendas que siempre has vivido bajo la dictadura de ese artilugio — tuyo, o de otros — te darás cuenta de cuántas horas de disfrute has perdido.

¡Comienza cuanto antes el lanzamiento de relojes! ¡Ah! Y no esperes al mes de vacaciones estivales para no mirar el reloj. Hay otros muchos momentos en el año que es una verdadera delicia no hacerlo. Y sobre todo, empieza a hacerlo… ¡ya! si la dictadura del reloj no es tuya, sino que te la marcan otros.

Hay una palabra que te ayudará muchas veces a vivir sin reloj siempre que puedas. Esa palabra es "flexibilidad". Aplícatela cada vez que puedas, incluso para momentos o decisiones que no entiendas.

Casi está terminando el entrenamiento, pero antes de finalizar, no puedes olvidar que debes dedicar un ratito cada día –aunque sea poco tiempo- a pensar cuántas cosas desearías que no estuvieran en tu vida y cómo las podrías cambiar; y no dejes pasar las semanas, los meses y quizás los años, sin atreverte a dar ni siquiera pequeños pasos para cambiarlas.

Hoy es un buen momento para comenzar la carrera hacia la felicidad. Solo llegarás a la meta y alcanzarás tu sueño si lo deseas de verdad y luchas por ello.

Y como notas finales, para cualquier momento del día, en este entrenamiento para aprender a ser más feliz es muy importante que no te olvides de…

Disfrutar de cada momento sencillo que te regale la vida, por ejemplo… una llamada de teléfono inesperada y que te hace sonreír, un café con alguien a quien quieres, el abrazo y el beso de quien te ama, la sonrisa de una amiga, una puesta de sol, en solitario o con alguien especial, un día de lluvia, leer un libro, un paseo por la playa o por el campo, cuidar las plantas, ver una buena película, recrearte viendo un museo o una exposición interesante, ir de vez en cuando a ver una obra de teatro o asistir a un concierto…

Intenta contribuir con tus acciones y tu actitud a mejorar la vida de las personas que conoces o que están a tu alrededor. Sé generoso con tu tiempo y procura que cada día se dibuje una sonrisa en el rostro de alguien por algo que hayas dicho o hecho.

Procura hacer de la lectura una actividad que esté presente en tu vida. La lectura de un buen libro te regalará momentos inolvidables y te mostrará mundos nuevos que te enseñarán a ver la vida de otra forma, te abrirá nuevas puertas y hará que tu mundo se amplíe.

Aprende a disfrutar del presente de la forma más intensa posible, porque el pasado ya no existe y el futuro no sabemos lo que te traerá. Saborea cada momento que vivas, y sobre todo, acepta todo lo que vaya llegando a tu vida, porque todo forma parte de ella. Esta aceptación será fundamental para tu bienestar emocional y tendrá mucho que ver con la práctica del mindfulness, por eso vuelvo a insistir que la incorpores a tu vida diariamente. Te traerá muchas cosas positivas.

Y desde luego no olvides nunca que, para empezar a dar pasos, hay que pasar a la acción. De nada servirá aprenderte muy bien la teoría si no empiezas a practicar en serio y desde luego, a dar pasos, aunque sea uno pequeño que las personas que estén a tu alrededor ni lo noten siquiera.

Así que cuando termine cada jornada, recuerda el entrenamiento de ese día, piensa, aunque sea unos minutos, si has hecho alguna cosa para que sea efectivo, y recuerda que al día siguiente hay que continuar, que en un entrenamiento tan importante hay que ser perseverante y no llevarlo a cabo "solo de vez en cuando". Cada día que pasa es fundamental para el aprendizaje más importante de tu vida: ser más feliz, aunque las condiciones no sean las adecuadas.

No olvides que cuando termine esta vida no te regalarán "un vale" para que vivas otra. Esta es la única. No habrá otra. Merece la pena vivirla de la mejor manera posible.

FELICIDAD Y SUEÑOS

DECÁLOGO
"MULTIPLICADO POR TRES"

Y ahora sí, para finalizar, un decálogo multiplicado por TRES, que no por ocupar la última parte del libro, es menos importante. Tómate tu tiempo para leerlo y reflexionar sobre cada uno de los puntos siguientes. Léelos las veces que necesites para que los interiorices, igual que el resto del libro.

1. Procura tener tus cosas en orden, tu casa, tus documentos, tu ropa, pero tampoco con un orden excesivo y obsesivo. Tanto puede ahogar el desorden como el orden.

2. Siente lo positivo en el paso del tiempo: no te fijes en lo que se va estropeando en tu exterior, sino en lo que creces con la edad, en tu interior. No te obsesiones con el paso de los años. Cuídate y piensa que ese paso del tiempo trae sabiduría y serenidad, dos cosas muy importantes para ayudarnos a ser felices. Procura realizar actividades que te mantengan ilusionado, y recuerda que los años no son sinónimo de vejez; hay jóvenes de ochenta años y viejos de treinta. Mantén siempre la ilusión en tu vida y eso la hará mágica.

3. Procura conocer a las personas que tienes a tu alrededor, y alejarte de aquellas que no te hacen crecer, por ejemplo, las personas TÓXICAS (las que critican, las negativas, las que no sonríen por nada, las neuróticas, las agresivas verbales, las chismosas, las quejicas, las que quieren hacernos sentir culpables por todo); las personas AGUA, es decir, las que nos aportan poco porque son incoloras, inodoras e insípidas (no son malas personas, pero te aportan tan poco, que ese tiempo puedes estar empleándolo en otras cosas como por ejemplo, leer, meditar, conocerte a ti mismo); las personas PLOMO, que son las que nos hunden con sus comentarios, con su falta de determinación o con su actitud de víctimas ante la vida. Basta una frase para reconocer a las personas plomo: "Estoy acabado, pero esta es la vida que me ha tocado vivir; no hay otra". (Si te encuentras con una persona plomo en tu camino, ofrécele tu ayuda para salir de donde está, pero si ves, que hagas lo que hagas no sale, retírate y acepta que hay personas a las que les gustan esas situaciones. Es como si disfrutaran con ellas. Si ellas lo aceptan, no puedes luchar contra eso, sigue tu camino y deja que se "regocijen" en su situación); las personas ESPEJISMO, que son las que desaparecen cuando las ne-

cesitas. Siempre están dispuestas— aparentemente— siempre sonrientes, y con muy buenas palabras, pero cuando llega un momento duro "borran" nuestro número de su teléfono móvil y nuestro mail de su libreta de direcciones. Si las reconoces, no esperarás nada de ellas, y por lo tanto, evitarás decepciones. No tener expectativas evita la frustración. Procura rodearte de las personas CORCHO, o personas MEDICINA, que son aquellas que te elevan, que son capaces de aportarte positividad y energía en cualquier momento de la vida, las que te contagian sus ganas de lucha aun en los momentos más duros. No dejes escapar a una persona CORCHO. No hay demasiadas, y si dejas que se vaya de tu lado, habrás sufrido una de las mayores pérdidas de tu vida, aunque en ese momento no te des cuenta.

4. Aprende de tus errores. No consideres que las equivocaciones no sirven para nada; de hecho, son una estupenda fuente de enseñanza y te servirán como valiosas lecciones para la vida. Es muy importante aprender de la experiencia. Los errores te ayudarán a comprender que probablemente tendrás que cambiar de estrategia, y quizás te cueste, pero con el tiempo le darás la bienvenida al contratiempo

que un día te hizo replantearte las cosas de manera diferente.

5. No te arraigues a un mismo escenario ni a las mismas cosas. En tu vida puede que tengas que acometer cambios y eso implicará ir a lugares que no tenías previsto ni siquiera conocer. Lo importante es encontrar la felicidad, sea donde sea. Las casas, las ciudades, los pueblos, los paisajes… son meros escenarios que puedes encontrar en cualquier parte. Son las personas las que son insustituibles.

6. Si tienes que tomar una decisión importante, no te precipites, pero tampoco te quedes meses y meses, e incluso años, sin dar un paso. Cuando llegue la hora, empieza a caminar, y si te asusta hacerlo porque crees que eso implicará vivir momentos muy duros, piensa que después de cada tormenta, vuelve a salir el sol. Y recuerda que siempre es mejor tomar alguna decisión que no tomar ninguna.

7. Cuando llegue a tu vida una etapa dura – de salud, económica, decepción amorosa, o quizás la más dura como es la pérdida de un ser querido- recuerda que todos los momentos pasan, y ese también pasará, aunque tarde un poco. Tampoco pretendas que el dolor pase

de un día para otro. Todo requiere su tiempo de duelo, y el duelo hay que vivirlo. Aunque suene duro, el dolor hay que aceptarlo, así como el momento que estés viviendo. Tanto los momentos que nos gustan como los que no, forman parte de la vida.

Mientras eso sucede, haz cosas que te hagan sentir un poco mejor: lee, aunque te cueste concentrarte, aunque solo sean unas páginas, escucha música tranquila; habla con quien te ayude a superar el momento y no con quien te hunda más; y empápate de naturaleza: pasea por caminos o bosques, o por la playa si puedes, porque eso te aportará serenidad. Contempla los árboles, el mar si lo tienes cerca, la salida o la puesta de sol, no te olvides del deporte, y por supuesto tampoco de la meditación. Practica a diario mindfulness. Esto te llevará a la aceptación, que es el paso previo a la serenidad. Es en estos momentos cuando te darás cuenta de cuánto bien te hacen. ¡Te ayudarán muchísimo! Y no te olvides tampoco en esos momentos de dar gracias por lo que tienes. Puede que te parezca una contradicción, pero no lo es; siempre, por muy duro que sea el momento que vivas, encontrarás cosas por las que dar las gracias.

8. Cuando tengas la oportunidad de disfrutar de un momento bueno, aunque sea muy sencillo, no dejes de gozarlo intensamente. A veces te das cuenta de lo maravilloso de un momento cuando ya ha pasado y mientras lo vivías has estado inmerso en otras historias sin ser consciente de lo estupendo que estaban siendo esos instantes vividos. Vive el momento, saborea cada minuto de tu vida.

9. Procura no echarle la culpa de lo que te pase a cualquiera o a cualquier cosa que no funcione en tu vida, o que no te haga feliz. Siempre serás tú quien construya tu destino, por lo tanto, solo tú tendrás la responsabilidad de lo que no esté bien, y, por supuesto, de poder arreglarlo. Por muy adversas que sean las circunstancias, siempre habrá un sendero por donde caminar hacia donde deseas. Y desde luego, si llegas al final del camino sin haberte decidido a dar ningún paso, recuerda que solo hay un responsable: TÚ. Nunca te arrepentirás de haber tomado decisiones importantes en tu vida; pero sí puede que te arrepientas de no haberlas tomado.

10. Sé perseverante y paciente en muchos de los momentos que vivas y no olvides que son muy necesarias esas dos virtudes en la vida. Piensa

que todo tiene un ritmo propio y no se pueden forzar los momentos ni las situaciones. Pero no pierdas energías mientras llega el momento adecuado; que no te sirva esa espera para generarte ansiedad, sino para aceptar que todo tiene un tiempo. No dudes que cuando llegue el momento, lo sabrás. Saber esperar es una virtud que siempre será bueno que cultives en la vida y que, si puedes, enseñes con tu ejemplo a quienes te rodean a que también la incorporen a su vivir diario.

11. Potencia tu creatividad. Seguro que hay algo que puedas hacer para sentirte único y especial, aunque nunca lo hayas imaginado o pienses que no serás capaz. ¡Inténtalo! Pinta, escribe, canta, cose, diseña… ¡cualquier cosa! La creatividad te ayudará a darte cuenta de que eres una persona única y te hará llenar momentos sin pensar en el tiempo. Busca dentro de ti todo lo bueno que tienes y no dejes de quererte cada día. Eres una persona única y especial, y debes aprender a amarte, sentir en tu interior que verdaderamente vales y que eres alguien a quien merece la pena darle todas las oportunidades del mundo. No te olvides de que tener una autoestima alta es una de las cosas más importantes para ser una persona

feliz. Si buscas dentro de ti encontrarás grandes tesoros que te harán sentirte una persona valiosa, única, insustituible e irremplazable.

12. Procura atesorar momentos de RECONCILIACIÓN CON LA VIDA: un encuentro que te aporte serenidad y alegría, un paseo por un lugar cargado de energía que haga que tú también termines ese paseo con "las pilas puestas", un viaje a algún lugar en el que no hayas estado nunca. No importa que esté cerca de donde vivas – aunque si está lejos mejor-, pero la cuestión es reconciliarte con la vida en otros lugares y con otras personas. Conocer lugares nuevos y personas diferentes a las de tu círculo habitual, hará que abras la mente, comprendas nuevas situaciones y te reconcilies con la vida cuando menos lo esperas.

13. Intenta OLVIDAR las cosas que te hacen daño. Hay que dejar cuanto antes en el carro de los olvidos, las cosas que te dicen o te han hecho sufrir; este es uno de los secretos para viajar ligero de equipaje, tomar solo lo que le aporta energía positiva, y dejar a un lado los lastres que no le dejan a uno crecer porque son demasiado negativos. El estar continuamente recordando lo que te hicieron o dijeron, no te aporta nada bueno, solo el llenarte de energía negativa.

14. Utiliza las palabras adecuadas en el momento oportuno, tanto si tienes que agradecer algo, como si tienes que pedir perdón, o si debes reconocer que te has equivocado. Las palabras son sumamente importantes, y con ellas puedes subir a alguien a las nubes, o hundirlo para siempre. Cuando hables no lo hagas sin pensar. Tus palabras quedarán para siempre en la mente y en el corazón de las otras personas. Expresar tu agradecimiento o pedir perdón en el momento oportuno te hará sentirte bien y comprenderás que tu entrenamiento va por el camino correcto. Pero tampoco olvides que si pides perdón y no te lo aceptan, no debes sentirte mal. Puede que hayas hecho daño sin desearlo y sin que fuera tu intención; entonces serás tú quien deba darle tiempo al tiempo y esperar. Cada persona tiene su ritmo. Piensa que para ti puede que haya llegado el momento de pedir perdón, pero para la otra persona es posible que no haya llegado el momento de perdonar. Acéptalo y espera. Si ya has dicho las palabras correctas, solo cabe ser paciente. La otra persona tiene también la libertad de decidir si perdonarte o no, y debes aceptar sea cual sea la decisión.

15. Agradece al final del día, las cosas buenas que te hayan sucedido o que hayas vivido en esa

jornada. Siempre, por muy dura que sea la etapa que estés viviendo, tendrás cosas que agradecerle a la vida: una visita inesperada, una llamada de teléfono, una alegría laboral, un mensaje con palabras agradables que pensabas que no llegaría, una preciosa puesta de sol, el haber comenzado a releer un libro que no recordabas que te traería buenos momentos. Entrénate en agradecer las cosas, porque cuantas más cosas agradezcas, más feliz serás. Compra un cuaderno, que sea especial, diferente, y déjalo para anotar cada día todo por lo que tienes que dar gracias. No hace falta que gastes mucho dinero, puedes comprar un cuaderno normal, forrarlo de papel de regalo bonito, después forrarlo de plástico de forrar los libros para que no se estropee, y así tendrás ese cuaderno siempre esperándote, con sus hojas en blanco para que vayas escribiendo todas esas cosas por las que puedes dar gracias.

16. Felicítate cada día por las cosas que consigas, por los objetivos logrados, por los pequeños pasos que vayas dando, aunque sean muy pequeños, en la consecución de tus metas. ¿Qué a tu alrededor casi nadie se da cuenta de ese paso? ¡No debe importarte! Si para ti es un GRAN PASO… ¡felicítate por ello! Ponte frente al es-

pejo, y LÁNZATE UNOS CUANTOS BE-SOS. ¡Te los mereces más que nadie!

17. No te importe REINVENTARTE en cual-quier aspecto de tu vida; volver a empezar un nuevo camino, aunque sea incierto, nuevas metas y objetivos, aunque parezcan difíciles. Cuando decides reinventarte y vivir la vida que crees que debes vivir, cada día es un ob-jetivo conseguido, un logro por el que puedes sentirte orgulloso. Te llenarás de seguridad y le agradecerás muchas más cosas a la vida.

18. Piérdele el miedo a la soledad. Puede ser tu mejor compañera, porque ella puede hacer que te encuentres contigo, con tu rico interior, con tus propias fortalezas. Aprende a disfru-tar de momentos en los que ella te acompa-ñe. Vivir la soledad no significa vivir aislado, sino disfrutar contigo de todo lo que la vida te ofrece cuando no hay nadie a tu lado para hacerlo.

19. Si algún día estás de "bajón", y crees que por más que lo intentes no podrás continuar con el entrenamiento, no te importe permitirte unas horas sin "hacer nada", pero… ¡recuerda! No te lo permitas demasiado; porque cuanto más tiempo estés sin entrenarte, más te costará co-menzar de nuevo.

20. Procura ser generoso con tu tiempo para los demás. A veces no tienes que dedicar muchas horas a alguien que lo necesita; una visita, aunque sea corta, acompañada de sonrisas y de palabras de ánimo, suelen hacer maravillas y tú te sentirás fantástico cuando llegue la noche.

21. Intenta tener siempre en tu mente proyectos realistas y que te ilusionen; pero tampoco condiciones tu felicidad a que se cumplan con exactitud en el tiempo previsto. Disfruta mientras los planificas y siente lo gratificante que es luchar por ellos y pasarlo bien mientras lo haces. Si cuando llegue el momento que tú pensabas que era el oportuno, no se hacen realidad, puede ser que te hayas equivocado de momento, o que las circunstancias aún no sean las adecuadas. Entonces, acéptalo, ten paciencia, sigue disfrutando con su preparación, y si merece la pena seguir, entonces no abandones JAMÁS.

22. Observa la naturaleza con detenimiento y aprende de ella, de todo lo que nos enseña : de la PRIMAVERA, cómo renace todo después de meses de frío, y de momentos de tormenta y tempestad; del VERANO, que duerme las tórridas siestas y aguanta las altas temperaturas

pero que hace madurar los frutos del esfuerzo; del OTOÑO, que se despoja de lo que ya no le sirve para volver a renacer más tarde, para enseñarnos que no debemos aferrarnos a nada, y que por muy desnudos que nos quedemos, renaceremos en una nueva primavera; y del INVIERNO, de quien podemos aprender de su completa desnudez, de su dureza, de la reflexión que nos trae el frío, la lluvia y la nieve, y el brillo de todo lo que nos rodea cuando se termina esa estación y las tempestades y vendavales quedan atrás.

23. Acepta los momentos de dolor que lleguen a tu vida con la mayor serenidad posible porque forman parte del camino y nadie puede librarse de ellos. Esta aceptación será una de las claves para que llegues a ser más feliz. Piensa que si en determinados momentos no puedes alcanzar la felicidad, lo que más cerca está de ella es LA SERENIDAD. Intenta que sea una compañera en tu vida y búscala en cualquier parte.

24. No dejes de valorarte cada día por lo que eres, por lo que puedes llegar a hacer. No dejes de verte a ti mismo como alguien capaz de realizar lo que se proponga y lo que cree que va a hacerle feliz. Eres una persona única y espe-

cial. Deja que la gente lo descubra, que te lo digan, y… ¡disfruta con ello!

25. Párate de vez en cuando a pensar en las cosas que compras: ropa, zapatos, complementos, coches, casas… ¿necesitas tanto en realidad? ¿Podrías vivir con menos? ¿Qué pasaría si decidieras no comprar ropa o complementos en un par de años? ¿Qué aprenderías de esa situación? Seguro que muchas cosas.

26. No te olvides, al final del día, al igual que lo has hecho al principio de la jornada, de agradecerle a la vida todo lo bueno que te ha aparecido en tu vida durante las horas que has estado despierto. Por muy duro que haya sido el día, seguro que hay cosas, pequeños detalles, que lo han hecho mucho mejor de lo que en principio pensabas. Te sentirás mucho más satisfecho si el agradecimiento llega a tu vida y a tus pensamientos.

27. No esclavices tu vida a algo que te haya hecho daño. Aprende a perdonar los errores de otros porque si no lo haces, eso te dolerá cada vez más y te impedirá ver otras cosas. No se trata de olvidar si alguien te ha hecho sufrir, sino de que en tu memoria ese daño pase a un segundo, tercero o cuarto plano para que

no te martirice. Así crecerás como persona y también aprenderás a ser más feliz.

Opta por quedarte con lo bueno que haya en tu vida y que vayas encontrando cada día en las personas que se cruzan en tu camino.

28. Trabaja cada día la capacidad de ver lo extraordinario en lo ordinario: la magia de una sonrisa que alguien te dedica, el sol que cada día te calienta y te da energía, los momentos de reflexión que puede proporcionar un día de lluvia, el alegrarte por conseguir un pequeño objetivo, la ilusión de que una persona te diga que eres especial, el descubrimiento de que puedes hacer algo que ni siquiera habías imaginado.

29. Una de las palabras más hermosas que existen es la palabra LIBERTAD. No permitas que otras personas coarten tu libertad, o que te encierren de por vida en una celda que se llama "Tienes que hacer lo que yo crea que debes hacer". Recuerda que solo tú tienes la llave de esa celda. Solo tú tienes la posibilidad de abrirla para vivir realmente la vida que deseas vivir.

30. Y no olvides lo más importante: NO TE REGALARÁN OTRA VIDA CUANDO

TERMINES LA QUE ESTÁS VIVIENDO. ESTA SERÁ LA ÚNICA, POR ESO MERECE LA PENA QUE LA VIVAS COMO CREAS QUE DEBAS VIVIRLA. Sea cual sea el momento en el que te encuentres ahora mismo, tengas los años que tengas, si estás leyendo este libro, ya tendrás algunos. Si crees que hay algo que debes hacer… ¡no lo demores más! Da hoy el primer paso hacia tu ENTRENAMIENTO PARA APRENDER A SER MÁS FELIZ.

EPÍLOGO

Querido lector, querida lectora:

El que hayas llegado hasta esta última parte del libro, me llena de satisfacción porque quiero pensar que al leer las páginas que con tanto cariño, dedicación e ilusión he escrito, puedo haber sido capaz de abrir una ventana en el mundo donde te mueves, donde vives.

Sería para mí todo un honor si he podido lograrlo.

He intentado transmitir una idea fundamental: la felicidad no llama todos los días a nuestra puerta, sino que somos nosotros quienes tenemos que hacer que pase dentro de nuestro hogar, de ese hogar interior que es el lugar donde debemos sentirnos mejor, porque si no nos sentimos felices con nosotros mismos, difícilmente nos sentiremos bien en cualquier lugar. Y para que podamos disfrutar de esa felicidad, tienes que entrenarte cada día, como si de unas olimpiadas se tratara y tuvieras que obtener la medalla de oro para nuestro país. Porque en realidad… ¿no hay mejor medalla que la que podamos darnos a nosotros mismos cada día si logramos aprender a entrenarnos?

No olvides que SOLO TÚ puedes conseguir ser más feliz, solo tú eres el artífice de la obra mejor del mundo: TU PROPIA VIDA.

AGRADECIMIENTOS

Son muchos los agradecimientos que me gustaría plasmar en estas páginas, y aunque no quiero resultar pesada, para mí son muy necesarios.

En primer lugar, un agradecimiento profundo y especial a mi padre, que ya no está, pero que vive permanentemente conmigo, porque con su silencio, su serenidad a la hora de vivir y de morir, su sabiduría y el gran amor que me demostró siempre, han hecho que sea quien soy ahora.

Gracias a mi madre que me sigue acompañando y animando día a día y que siempre me ha dado lecciones de vida muy valiosas.

Gracias a mi marido y a mis hijos, que "sufren" mis ratos de dedicación a esto que me apasiona tanto, que es escribir, y que sin embargo, me siguen animando para que continúe en este camino, porque creen en mí.

Gracias a mis amigos y amigas, y a esas personas especiales que han aparecido en mi vida, que han sido un verdadero regalo y que me han aportado tanto. No quiero dejarme atrás a nadie, pero cada uno de ellos saben que están en mi corazón.

Gracias a Mario Alonso Puig, mi mentor, aunque todavía no lo conozco personalmente – pero lo conoceré- y él no sepa que existo. Con su gran sabiduría y su manera de explicar las cosas, me cautivó desde el momento en el que leí una de las primeras ediciones de su libro "Reinventarse, tu segunda oportunidad", y desde entonces me ha enseñado muchísimo con sus libros y con sus conferencias que veo por internet. Es un grandísimo maestro, y espero poder decírselo algún día en persona.

Gracias a Eduard Punset, que está haciendo una labor maravillosa de divulgación con su programa "Redes" y por supuesto con sus libros.

Gracias a todos los demás escritores y escritoras que han plasmado en las páginas de sus libros – que menciono en la bibliografía- toda la sabiduría que me aporta tanto.

Gracias a quienes han creído y creen en mí, y me lo hacen saber a través de correos, llamadas de teléfono, o cuando cuentan conmigo para impartir mis cursos o talleres, o a quienes asisten a ellos, y me dicen " vengo porque eres tú"; o simplemente me transmiten su agradecimiento, su admiración y su amistad con un abrazo fuerte cuando nos encontramos.

Gracias a quienes me enseñan cada día, y me transmiten su sabiduría cada vez que hablamos, sobre todo cuando en medio de un momento adverso son capaces de regalarte una sonrisa.

BIBLIOGRAFÍA

-El cociente agallas. Mario Alonso Puig. Editorial Espasa. Premia Espasa 2013

-Vivir es un asunto urgente. Mario Alonso Puig. Editorial de Bolsillo

-Reinventarse. Tu segunda oportunidad. Mario Alonso Puig. Editorial Plataforma.

-Ahora yo. Mario Alonso Puig. Plataforma Editorial.

-La respuesta. Mario Alonso Puig. Plataforma Editorial.

-El viaje a la felicidad. Eduardo Punset. Editorial Destino.

-Excusas para no pensar. Eduardo Punset. Editorial Destino.

-Viaje a las emociones. Eduardo Punset. Editorial Destino.

-El viaje al poder de la mente. Eduardo Punset. Editorial Destino.

-Las 365 reflexiones de lo realmente importante en nuestra vida. Cris Moltó. Editorial Amat.

-Inteligencia Emocional. Daniel Goleman. Editorial Kairós.

-Meditaciones. Marco Aurelio. Biblioteca Clásica Gredos.

-La inutilidad del sufrimiento. Mª Jesús Álava Reyes.

Editorial La Esfera de los libros.

-Las tres claves de la felicidad. Mª Jesús Álava Reyes. Editorial La Esfera de los libros.

-El escarabajo que se confundía con el asfalto y decidió seguir la línea amarilla. María Domínguez. Editorial Hilos de Emociones.

-El mejor año de tu vida. Deja que suceda lo que tenga que suceder. Monica Fusté. Editorial Alrevés.

-No te rindas. Enrique Rojas. Editorial Temas de Hoy.

-La ecología emocional. M. Mercé Conangla y Jaume Soler. Editorial Amat.

-Crisis emocionales. Mercé Conangla. Editorial de Bolsillo.

-Brújula para navegantes emocionales. Elsa Punsent. Editorial Aguilar.

-El hombre en busca de sentido. Viktor Frankl. Editorial Herder.

-Poderosa Mente. Bernabé Tierno. Editorial Temas de Hoy.

-Optimismo Vital. Bernabé Tierno. Editorial Temas de Hoy.

-El juego interior del tenis. Thimoty Gallwey.

-Coaching. El método para mejorar el rendimiento de las personas. John Whitmoore. Editorial Paidós.

-Disfrutar de la vida. Viajes con la imaginación para optimistas. Klaus W. Vopel. Editorial CCS.

Hilos de Emociones

Hilos de Emociones

9 788412 134056